처음 시작하는 생명 존중 교육

동물도 권리가 있어요

처음 시작하는 생명 존중 교육

동물도 권리가 있어요

초판 1쇄 발행 2019년 3월 27일 | **초판 3쇄 발행** 2021년 2월 22일

구성 동물권행동 카라 | **글쓴이** 권유경 | **그린이** 김소희
펴낸이 홍석 | **이사** 홍성우 | **편집부장** 이정은 | **편집** 차정민·이은경 | **편집진행** 고양이 | **디자인** 손현주
마케팅 이가은·이송희·한유리 | **관리** 최우리·김정선·정원경·홍보람
펴낸곳 도서출판 풀빛 | **등록** 1979년 3월 6일 제8-24호
주소 서울특별시 서대문구 북아현로 11가길 12 3층 (북아현동, 한일빌딩)
전화 02-363-5995(영업) 02-362-8900(편집) | **팩스** 070-4275-0445
전자우편 kids@pulbit.co.kr | **홈페이지** www.pulbit.co.kr
블로그 blog.naver.com/pulbitbooks | **인스타그램** instagram.com/pulbitkids

ⓒ 동물권행동 카라, 김소희, 2019

ISBN 979-11-6172-067-8 73490

이 도서의 국립중앙도서관 출판시도서목록(CIP)은 서지정보유통지원시스템 홈페이지(http://seoji.nl.go.kr)와
국가자료공동목록시스템(http://www.nl.go.kr/kolisnet)에서 이용하실 수 있습니다.
(CIP제어번호: CIP2019006659)

* 이 책에 실은 사진 자료는 동물권행동 카라(72쪽, 98쪽, 99쪽)와 공주 한일 고등학교 동아리 Medicalia(78쪽),
셔터 스톡(그 외 사진)을 통해 제공받았습니다.

* 책값은 뒤표지에 표시되어 있습니다.
* 잘못된 책은 구입하신 곳에서 바꿔드립니다.

품명 아동 도서 **제조년월** 2021년 2월 22일
사용연령 8세 이상 **제조자명** 도서출판 풀빛
제조국 대한민국 **연락처** 02-363-5995
주소 서울특별시 서대문구 북아현로 11가길 12 3층 (북아현동, 한일빌딩)
주의사항 종이에 베이거나 긁히지 않도록 조심하세요.
    책 모서리가 날카로우니 던지거나 떨어뜨리지 마세요.
KC마크는 이 제품이 공통안전기준에 적합하였음을 의미합니다.

처음 시작하는 생명 존중 교육

동물도 권리가 있어요

동물권행동 카라 구성
권유경 글 | 김소희 그림

풀빛

추천의 말

동물과 사람의 아름다운 공존을 위해

인간의 삶은 수많은 동물과 촘촘히 연결되어 있습니다. 우리가 먹고, 입고, 함께 생활하고, 관람을 하거나 이용함으로써 즐거움이나 이득을 얻는 대상이 동물이라는 걸 생각해 보면 알 수 있습니다. 우리 주변 숲과 강, 바다 그리고 도시에도 수많은 생명이 존재한다는 걸 잊고 사는 사람이 많지만 오늘도 곳곳에서 우리와 같이 숨 쉬며 살아가고 있습니다.

지구에는 우리가 생각하는 것보다 훨씬 더 다양한 생물이 살고 있습니다. 하지만 인간으로 인해 빠르게 멸종되고 있습니다. 이렇게 멸종이 진행되다가 지구상의 모든 동물이 사라지고 인간만 덩그러니 남았다고 상상해 봅시다. 생명체가 모두 사라진 삭막하고 끔찍한 지구에서 인간은 얼마나 더 살 수 있을까요?

수십억 년이나 되는 지구의 역사상 인간이 출현한 것은 길게 보더라도 수백만 년에 불과합니다. 지구상에 태어난 생명체로는 막내 중 막내에 불과한 인간이 과학 기술 문명에 의지하여 이기적이고 편리한 생활을 만드는 일에만 열중하면서 동물들의 삶을 너무 많이 훼손했습니다.

대규모 공장식 축산으로 인해 농장 동물의 고통은 상상을 초월할 정도로 커졌고, 이러한 축산 방식은 인간의 건강을 해칠 뿐 아니라 지구의 공기, 토양, 물을 오염시켰습니다. 수많은 야생 동물은 인간의 무분별한 난개발로 인해 삶의 터전을 잃었지요. 하루에 수십 킬로미터를 움직이며 살아야 하는 야생 동물들이 좁디좁은 동물원이나 수족관 혹은 모피 농장의 철창살 아래에서 살아야만 합니다. 이런 현실을 언제까지 외면해야 할까요?

동물의 권리와 복지 향상을 통해 이런 악순환의 사슬을 끊어 나가야 하는 이유는 동물만을 위한 일이 아니기 때문입니다. 인간과 동물, 지구 환경 모두를 위한 일이지요. 인간의 편리함만 추구하는 방식은 더 이상 지속 가능하지 않다는 걸 인식하고 지구 생태계의 균형을 회복하는 일에 모두 관심을 기울여야 할 때입니다.

동물과 올바른 관계 맺기는 어린 시절부터 시작하는 게 바람직하다는 사실은 아무리 강조해도 지나치지 않습니다. 그리하여 동물권행동 카라의 활동을 기반으로 어린이들이 동물에 대해 올바른 가치 체계를 정립하고 일상에서 동물 복지를 쉽게 실천할 수 있도록 지식과 정보를 정리해 보았습니다. 이 책을 통해 동물과 사람의 아름다운 공존이 특별한 일이 아닌, 일상 철학으로 자리 잡았으면 좋겠습니다.

동물권행동 카라 대표 임순례

차례

추천의 말 동물과 사람의 아름다운 공존을 위해 04

다양한 생명체가 함께 숨 쉬는 지구 08

야생 동물을 보호하는 방법 20

동물을 존중하는 생태 체험 35

동물을 위한 윤리적 소비 52

도시에 사는 동물들 65

건강하게 반려동물 돌보기 82

유기 동물 입양하기 97

부록 한국의 동물보호법 108

카라를 소개합니다 114

다양한 생명체가 함께 숨 쉬는 지구

생명체는 언제 생겨났나요?

우리가 살고 있는 지구가 언제 생겨났는지 알고 있나요? 우주에 지구가 처음 생겨난 것은 무려 46억 년 전이에요. 상상하기 어려울 만큼 오랜 옛날이지요. 지구가 탄생한 순간에는 지구에 생명체가 하나도 없었답니다.

많은 과학자가 지구상에 최초로 생명체가 나타난 시기를 38억 년 전으로 추정하고 있어요. 하지만 그 시기에 지금처럼 많은 종류의 생물들이 살고 있진 않았어요.

지구의 깊은 바닷속에서 단순한 형태의 생명체가 생겨났고, 이 생명체가 광합성을 통해 많은 양의 산소를 만들어 내면서 점차 복잡한 형태의 생명체가 나타났어요. 그 후로 아주 오랜 기간에 걸쳐 진화가 진행되면서 지구에는 지금처럼 다양한 생명체가 살게 되었답니다.

이런 진화의 과정에서 인간도 등장했어요. 최초의 인간으로 유력한 후보 중 하나인 오스트랄로피테쿠스는 약 400만 년 전부터 지구에 살

았다고 해요. 인간이 살기 훨씬 전부터 지구에는 이미 다양한 생명체가 살고 있었던 거지요. 그러니 인간이 지구에 존재한 시간은 지구의 길고 긴 역사에서 찰나에 불과하답니다.

인간은 정말 특별한 존재일까요?

생명체는 크게 식물과 동물로 나뉘어요. 인간은 당연히 동물에 속해요. 하지만 사람들은 '동물'이라는 단어를 인간을 제외한 나머지 동물을 일컫는 데 사용해 왔어요. 그러면서 인간이 다른 동물보다 더 훌륭

하다는 주장을 증명하는 데 몰두해 왔지요. 인간이 가장 특별한 존재라는 생각은 인간이 자연을 마음껏 개발하고 동물을 이용해도 괜찮다는 위험한 생각으로 이어지기도 했어요.

인간은 정말 다른 동물보다 특별한 존재일까요? 인간이 특별하다고 믿는 사람들은 인간만 가진 능력을 근거로 내세우곤 해요. 주로 생각하는 능력과 언어 능력이지요. 실제로 인간은 지능이 높고 뛰어난 언어 능력을 가지고 있어서 복잡한 생각을 할 수 있고, 자신의 생각과 감정을 풍부한 단어로 표현할 수 있어요.

하지만 이런 능력이 있다고 해서 인간이 다른 동물보다 더 특별한 존재가 되는 것은 아니에요. 인간뿐 아니라 다른 동물들도 저마다 고유한 능력을 가지고 있기 때문이에요. 인간이 갖지 못한 능력을 지닌 동물들도 많답니다.

예를 들어 새는 하늘을 자유롭게 날 수 있어요. 물고기는 물속에서도 숨을 쉬어요. 북극곰은 몸에 두꺼운 지방층이 있어서 영하 40도의 추위를 견딜 수 있어요. 박쥐는 깜깜한 동굴 안에서 소리만 듣고도 서로 부딪히지 않고 날 수 있지요. 뱀은 한 번 먹이를 먹으면 한 달 이상을 버틸 수 있어요. 치타는 시속 100킬로미터로 달릴 수 있어요. 자동차가 고속도로를 달리는 속도예요.

박쥐는 사람의 귀로는 들을 수 없는 초음파를 이용해서 서로의 위치를 파악해요.

동물들도 각각 사는 환경에 맞춰 멋진 능력을 갖추고 있지요? 인간의 고유한 능력이 다른 동물들의 고유한 능력보다 더 가치 있다고 말할 수 있을까요? 그렇게 말할 순 없을 거예요. 모든 동물은 저마다 살아가는 방식이 다르고, 그 방식대로 살아가는 데 알맞은 능력을 가지고 있으니까요. 서로 생김새와 능력이 다를 뿐이지요. 어떤 동물이 특히 우월하다고 말할 수는 없답니다.

생명체들은 서로 의지하며 살아가요

아무리 뛰어난 능력을 가진 생명체라고 해도 혼자서는 살아갈 수 없어요. 지구에는 다양한 종류의 동물이 서로 어울려 살아가요. 이렇게 생물이 살아가는 세계를 생태계라고 해요. 생명체들은 생태계에서 맡고 있는 역할도 서로 달라요. 저마다 다른 능력을 가지고 있기 때문이에요. 생물들끼리 또는 환경에 영향을 주고받으며 조화를 이뤄 살아가는 이유랍니다.

우리의 삶이 생물들과 어떤 연관이 있는지 예를 들어 볼게요. 지렁

이는 인간의 농사도 이롭게 하고 초식 동물을 살리는 생물이에요. 무슨 이야기냐고요? 지렁이는 땅속을 돌아다니면서 흙을 갈아 주는 역할을 해요. 지렁이가 땅속으로 들어가 굴을 파면 땅속에 공기가 통하거든요.

또한 지렁이가 영양을 섭취하기 위해 흙을 먹고 배설하면 그것이 거름이 되어 땅을 비옥하게 하지요. 지렁이 덕분에 초식 동물의 먹이가 되는 풀이 더 무성하게 자라고, 사람들도 논과 밭에서 더 싱싱한 작물을 얻을 수 있어요.

지렁이와 비슷한 예로 벌이 있어요. 유명한 과학자 아인슈타인은 "벌이 지구에서 사라지면 인간이 살 날은 4년밖에 남지 않을 것이다."라는 말을 남겼어요. 벌이 사라지면 인간도 사라진다니 너무 과장된 말 아니냐고요? 다음 이야기를 들으면 생각이 달라질지도 모르겠어요.

벌은 꿀을 모으러 다니면서 꽃가루를 운반해 주는 역할을 해요. 벌이 수술에서 암술로 꽃가루를 옮겨 주기 때문에 식물이 씨앗을 만들고 열매를 맺어요. 그리고 그 씨앗으로 다시 싹을 틔우지요. 우리가 매일 먹는 과일, 채소, 견과류 등의 절반 이상이 이런 과정을 통해서 만들어져요. 벌은 지구상에서 가장 중요한 농부 역할을 맡고 있는 거예요.

그런데 벌이 사라지면 어떤 일이 벌어질까요? 우선 벌을 통해 꽃가

벌이 꽃을 옮겨 다니며 꿀을 모으는 덕분에 식물이 번식할 수 있어요.

루를 옮겨 번식하는 식물이 서서히 사라지게 될 거예요. 그 말은 우리가 먹고 있는 다양한 과일과 채소가 사라진다는 이야기예요. 점차 전체 농작물의 생산량도 줄어들겠지요? 식량이 부족해지면 굶주리는 사람들이 늘어날 테고, 사람들 사이에 식량을 차지하기 위한 전쟁이 벌어질 수 있어요.

식물이 사라지면 그 식물을 먹이로 하는 초식 동물도 당연히 멸종

하겠지요. 자연스레 초식 동물을 잡아먹고 사는 육식 동물도 멸종하게 돼요. 과연 동식물이 사라진 지구에서 인간이 살아갈 수 있을까요? 어쩌면 그다음 멸종의 차례는 인간이 될지도 몰라요. 작은 생물도 이렇게 우리와 긴밀하게 연결되어 있답니다.

지구에서 다양한 생명체가 서로 먹이 관계로 복잡하게 얽혀 있는 것을 먹이 그물이라고 해요. 지구에 사는 모든 생명체는 서로 연결되어 있고 사람도 예외는 아니랍니다. 지구에서 우리 모두는 서로 의지하며 살아가고 있어요.

모두가 행복한 세상으로!

사람들은 다른 생명체들과 더불어 살아가는 소중함을 잘 모르는 것 같아요. 자기들만 즐겁고 편리하기 위해서 자연을 지나치게 파괴하고 있거든요. 도로나 건물을 지으려고 수많은 동식물이 평화롭게 살고 있던 산과 들을 함부로 파괴하기도 하고, 비닐이나 종이컵 등 일회용품을 무분별하게 사용해서 지구가 쓰레기로 뒤덮이게 만들기도 해요. 이것 말고도 자연을 파괴하는 일들이 아주 많지요.

사람들은 동물들의 삶의 터전만 망가뜨리는 게 아니라, 여러 동물에

모든 동물은 자연에서 살아갈 때 가장 행복해요.

게 직접적으로 고통을 주기도 해요. 돈을 벌기 위해서 야생 동물을 밀렵하기도 하고, 동물원의 좁은 우리에 동물을 가두기도 해요. 동물을 대상으로 잔인한 과학 실험을 하고, 고기를 먹기 위해서 수많은 소, 닭, 돼지를 열악한 환경에서 키우고 있어요.

동물도 사람처럼 고통과 행복을 느끼는 존재랍니다. 고통은 피하고 싶어 하고 행복하고 자유로운 삶을 원해요. 우리와는 표현하는 방법이 다를 뿐이지요. 우리도 아프면 다른 사람에게 도와 달라고 호소하듯이 동물들도 계속해서 아픔을 표현하고 있어요.

우리가 동식물을 함부로 다루고 인간 중심의 편리함만 추구한다면 망가진 자연이 인간의 생명도 위협할 거예요. 인간이 엉망으로 만든 자연은 인간이 살아가는 터전이기도 하니까요.

지구 온난화 현상으로 지구의 기후가 변하고 생태계의 균형이 깨지면 지구는 어떤 모습으로 변해 갈까요? 수많은 동식물이 멸종된다면 우리 앞에 어떤 일이 벌어질까요? 이 질문의 답을 알게 된다면 동식물의 다양성을 지키는 일은 곧 우리 스스로를 지키는 일이라는 걸 알 수 있을 거예요.

인간은 지금까지 동물을 위기에 빠뜨리거나 자연을 파괴하기도 했지만, 동물과 자연을 보호하려고 노력해 온 사람들도 항상 존재했어요.

우리가 동물을 존중하고 자연을 보호하기 위해 노력한다면 지구는 좀 더 오랫동안 푸른 별로 남아 있을 거예요.

　이제부터 인간과 동물이 공존하기 위해 생활 속에서 실천할 수 있는 방법을 하나하나 알아볼까요?

야생 동물을 보호하는 방법

야생 동물이 위험해요!

아프리카에는 검은코뿔소라는 동물이 살고 있어요. 검은코뿔소는 회색 피부와 튼튼한 두 개의 뿔을 가졌지요. 아카시아 잎사귀를 뜯어 먹는 것을 좋아하고 풀이나 과일도 좋아해요. 위험한 상황에서는 시속 50킬로미터로 빠르게 달릴 수 있는 멋진 동물이에요.

그런데 검은코뿔소가 사는 아프리카의 초원에 언젠가부터 총과 칼을 든 사람들이 찾아오기 시작했어요. 코뿔소의 뿔을 잘라서 장식품과 약을 만들려는 밀렵 사냥꾼들이지요. 밀렵 사냥꾼은 법의 허락 없

이렇게 멋진 뿔을 가진 서부검은코뿔소는 이제 지구상에 없답니다.

이 몰래 동물을 사냥하는 사람들이에요. 사냥꾼들은 자신들의 이익 때문에 많은 코뿔소의 목숨을 빼앗았어요. 검은코뿔소 중에서 '서부검은코뿔소'는 이제 지구에서 완전히 사라져 버렸답니다.

이런 일은 서부검은코뿔소만의 일은 아니에요. 지금도 많은 동물들이 멸종 위기를 겪고 있거나 멸종되고 있어요. 지구에 사는 동물의 종류가 줄어들고 있다는 말이에요. 야생 동물들에게 무슨 일이 벌어지고 있는 걸까요?

멸종 위기 동물이 늘어나고 있어요

 야생 동물이란 사람의 집이나 농장, 실험실, 동물원이 아니라 드넓은 자연에서 자유롭게 살아가는 동물을 말해요. 자연에는 크고 작은 생명체들이 어우러져 살고 있지요. 하늘을 나는 동물, 바다에서 헤엄치는 동물, 초원과 숲속을 달리는 동물, 땅 위를 기어 다니는 동물, 땅속에 사는 동물 등 다양한 야생 동물이 살아가고 있어요.

 그런데 야생 동물이 빠른 속도로 사라지고 있대요. 2017년, 세계자연보전연맹IUCN은 8만 8천 종에 가까운 야생 동식물 가운데 약 2만 5천 종이 심각한 멸종 위기에 처해 있다고 발표했어요. '멸종'이란 한

세계자연보전연맹(IUCN)

제2차 세계 대전으로 자연환경이 심하게 훼손되자 1948년 국제 연합의 지원을 받아 설립된 이 국제기구는 전 세계에서 가장 큰 환경 보호 국제기구랍니다. 세계의 자원을 관리하고, 멸종 위기 동식물을 보호하기 위해 국제 협력을 이끌어 내는 외교적 노력을 해요. 또한 야생 동물 서식지, 보전할 가치가 있는 환경을 갖춘 지역을 연구 조사한답니다.

종류의 동물이나 식물이 지구상에서 완전히 사라지는 것을 의미해요. 지구에서 2만 5천 종의 동식물이 곧 자취를 감출 위기에 처한 거지요.

한 종류의 동식물이 사라지는 건 단순한 문제가 아니랍니다. 한 종류의 동물이 사라지면 연쇄적으로 그 동물을 먹고 사는 다른 동물들도 사라질 위기에 처하게 돼요. 지구의 모든 동식물은 먹이 그물로 복잡하고 촘촘하게 얽혀 생태계를 이루고 있으니까요. 인간의

점박이물범도 심각한 멸종 위기종이에요.

생존까지 위협한다고 이야기하는 건 이런 이유 때문이에요.

지금과 같은 속도로 멸종이 진행된다면 우리는 머지않아 시베리아호랑이, 오랑우탄, 사막거북, 산양, 점박이물범, 북극곰 등 멸종 위기에 있는 동물들을 다시는 볼 수 없을 거예요.

야생 동물은 왜 멸종될까요?

수많은 야생 동물이 지구에서 사라지고 있는 이유는 무엇일까요? 여러 가지 이유가 있지만 가장 큰 이유는 밀렵과 서식지 파괴예요. 사람들의 이익을 위해서 하는 행동들이 동물의 생명을 위협하는 것이지요.

밀렵을 하는 사람들은 흔히 볼 수 없는 동물을 잡아가 전시하거나 그 동물로 만든 물건을 팔아서 돈을 번답니다. 모두 불법이에요. 하지만 돈을 벌 생각에 법도 두려워하지 않아요. 희귀한 동물일수록 더 잔인하게 잡아들이는 사람들도 있어요.

사람들이 동물을 직접 사냥하지 않더라도 동물의 서식지가 파괴되면 동물은 생존할 수 없게 되어요. 사람들은 목재와 광물을 얻기 위해서, 혹은 도시를 건설하기 위해서 이미 많은 숲을 파괴했어요. 한 번에 많은 양의 곡물을 얻으려고 농약과 화학 비료를 사용하는 농업 방식이 땅을 오염시키기도 했어요. 사람들이 한 번 쓰고 버린 수많은 비닐과 플라스틱이 바다 한가운데 쓰레기 섬을 이루어 떠다니고 있지요. 공장이나 축사에서 오염된 물을 정화하지 않고 바다나 강으로 보내 땅과 물을 오염시키기도 했어요.

동물들의 서식지에 가서 직접 버리지 않아도 쓰레기는 돌고 돌아 자연환경을 위협한답니다.
　자연은 동물이 살아가는 터전이에요. 물론 사람이 살아가는 터전이기도 해요. 자연 파괴로 인해 멸종 위기 동물이 점점 늘어나는 현실은 인간이 겪을 재앙도 그만큼 가까워지고 있음을 보여 줘요.

우리가 사용하고 버린 플라스틱이 먼 바다에 사는 거북의 목숨을 빼앗을 수 있어요.

야생 동물이나 야생 동물로 만든 상품을 사지 않아요!

멸종하는 야생 동물을 보호하기 위해 우리는 무엇을 할 수 있을까요?

우선, 멸종 위기에 처한 야생 동물을 절대 구매하지 말아야 해요. 특이하거나 귀엽다는 이유로 야생 동물을 구매하려는 사람들이 있어요. 다람쥐, 앵무새, 뱀, 악어 그리고 여우와 같은 야생 동물을 집에서 키우고 싶어 하지요.

하지만 야생에서 살던 동물이 사람의 집에서 건강하게 지낼 수 있을까요? 집 안에 동물이 원래 살던 자연과 비슷한 환경을 만들어 주기란 쉽지 않아요. 그리고 대부분의 사람이 반려동물로 개와 고양이를 키우기 때문에 야생 동물을 치료할 수 있는 수의사를 찾기 힘들답니다. 그래서 야생 동물이 아플 때 제대로 치료하지 못하고 버리는 사람들도 있어요.

야생 동물의 뿔이나 가죽 등으로 만든 물건도 사지 않아야 해요. 여

사이테스(CITES) 협약

멸종 위기 동물을 거래하는 것은 불법이랍니다. 1973년 3월 3일, 여러 나라 사람들이 미국 워싱턴에 모여서 야생 동식물을 보호하기 위해 사이테스 협약을 채택했어요. 이 협약은 세계적으로 멸종 위기에 처한 야생 동식물의 거래를 금지하고 있어요. 한국을 포함해 183개 나라가 이 협약을 따르고 있답니다.

행지에 있는 기념품 가게에 들어가 보면 야생 동물을 이용해서 만든 기념품을 파는 경우가 있어요. 그 지역에 살고 있는 야생 동물의 뿔이나 가죽 등으로 옷, 장신구, 장식품 등을 만들어 파는 거지요. 실제로 코끼리의 상아로 장식품을 만들어 팔기 위해 코끼리를 마구잡이로 밀렵하다 보니 코끼리 중에서 이미 멸종된 종이 있어요.

우리가 살아가는 데 꼭 필요하지 않은 여러 물건이 야생 동물의 소중한 생명을 잃게 해요.

우리가 이런 기념품을 구매하면 사람들은 돈을 벌기 위해 또다시 야생 동물을 잡아 상품을 만든답니다. 기념품을 구매할 때 조금만 신중해지면 잔혹한 밀렵과 야생 동물 멸종을 막을 수 있어요.

생활 속에서 작은 일부터 실천해요!

생활 속에서 우리가 실천할 수 있는 일은 무엇이 있을까요? 작은 일부터 하나씩 실천해 보기로 해요.

우선, 열악한 환경에 동물들을 가둔 동물원에 가지 않기로 해요. 그런 곳에 가는 사람이 많을수록 더 많은 동물원이 생기겠지요?

야생에서 동물원으로 동물을 데려올 때, 사람들은 어린 새끼를 데리고 오는 것을 좋아해요. 새끼는 동물원에 더 오래 전시할 수 있을 뿐 아니라, 아직 생활 습관이 야생 생활에 맞춰지지 않았기 때문에 동물원 생활에 빨리 적응을 할 수 있어서예요.

하지만 사람들이 새끼를 잡아가려고 할 때 새끼의 부모와 다른 가족은 어떤 반응을 보일까요? 자신의 새끼를 빼앗기지 않으려고 하다가 동물들은 한순간에 목숨을 잃는답니다. 새끼 1마리를 데려오는 걸로 희생이 끝나지 않는 거예요.

그리고 또 하나, 서식지를 보존하기 위해 노력하기로 해요. 서식지가 잘 보존되어야 야생 동물들이 살아남을 수 있기 때문이에요. 서식지를 보존하기 위해 우리가 당장 실천할 수 있는 일은 무엇일까요?

환경을 오염시키는 주범인 쓰레기를 줄이고, 에너지를 절약해서 더 이상 지구 온난화가 진행되지 않게 힘써야 해요. 물건을 구매하고 나서 비닐봉지를 받지 않고 장바구니에 담고, 일회용 컵을 사용하지 않

우리 가족이 오늘 하루에 쓴 일회용품을 한곳에 잘 모아 보세요.
생각보다 많은 양에 깜짝 놀랄 거예요.

고 개인 컵을 가지고 다니는 작은 일부터 실천해요. 작은 행동도 여러 사람이 지속적으로 실천하면 큰 힘이 된답니다.

야생 동물과 마주치면 이렇게 하세요!

등산을 하거나 숲을 산책하다가 우연히 야생 동물과 마주쳤을 때에는 어떻게 해야 될까요? 혹시 야생 동물이 다친 상태라면 주변 어른들에게 도움을 요청해서 야생 동물 구조 센터에 신고해야 해요. 섣불리 다가가 도우려고 하면 겁을 먹은 동물이 도망을 가다 더 크게 다칠 수 있어요. 또한 도와주려는 걸 모르고 공격해 올 수도 있답니다.

야생 동물 구조 센터는 전국 각지에 마련되어 있어요. 구조 센터에 연락해서 현장 사진을 보여 주고 야생 동물 구조를 요청해야 해요. 구조 센터에서는 일반 동물 병원에서 치료하기 어려운 야생 동물도 치료할 수 있어요.

어미 없이 혼자 있는 새끼 동물을 발견했을 때에도 무조건 구조하지 마세요. 새끼가 혼자 있다고 해서 모두 위험한 건 아니랍니다. 너무 마르거나 아파 보이지 않는다면 근처에 어미가 있을 거예요. 이럴 때는

손을 대지 않고 지나치는 것이 좋아요. 사람이 함부로 구조하면 사람 손을 타 야생으로 되돌아가기 어려워질 수 있으니 주의하세요!

동물을 존중하는 생태 체험

동물원에 사는 동물들은 행복할까요?

　동물을 직접 만나기 위해서 동물원에 가 본 친구들이 많을 거예요. 동물원은 원래 자연에서 살던 야생 동물을 도시에 데려오기 위해서 사람들이 만들어 준 동물의 집이에요. 동물은 사람들에게 자신의 모습을 보여 주기 위해 스스로 동물원에 온 것이 아니에요. 사람들에게 잡혀 와 갇혔기 때문에 어쩔 수 없이 그곳에서 살고 있는 거랍니다.

　그렇다면 동물원은 동물에게 좋은 집일까요? 동물원에 가면 가장 많이 만날 수 있는 동물, 코끼리 이야기를 해 볼게요.

야생 코끼리는 본래 넓은 초원에서 살아요. 먹성이 좋은 코끼리는 초원에 있는 풀을 자유롭게 양껏 뜯어 먹어요. 여러 마리가 가족을 이뤄 먹이를 찾아 이곳저곳으로 함께 이동하며 사는 동물이지요.

하지만 동물원에서 지내는 코끼리는 어떤가요? 넓은 초원을 대신할 수 있는 장소가 있나요?

초원에서는 여러 동물들이 마음껏 자연을 누비며 살고 있어요.

　동물원은 공간이 한정되어 있어요. 울타리 밖으로는 나갈 수 없지요. 공간이 좁으니 여러 코끼리가 함께 지내기도 어려워요. 게다가 코끼리는 자연에서 동물원으로 올 때 이미 가족과 헤어져 버린 상태랍니다. 무리 지어 사는 코끼리의 생활 방식과 맞지 않지요. 음식도 사육사

동물원에 갇힌 동물들은 어떤 생각을 하고 있을까요?

가 주는 것만 먹을 수 있고요.

동물원에 온 동물들은 자신이 왜 동물원에 갇혀 있는지 몰라요. 사람들이 동물을 가까이 보고 싶은 욕심에 강제로 데리고 왔으니까요.

하지만 이미 동물원에서 사는 것이 익숙해진 동물들은 본래의 습성을 잊어버리기도 한답니다. 자연으로 되돌아가도 적응하는 데 무척 오래 걸리거나 적응하지 못하고 죽는 경우도 많다고 해요. 그래서 이미 동물원에서 살고 있는 동물들을 지키는 일도 꼭 필요한 일 중 하나랍니다.

동물원에 사는 동물에게 꼭 필요해요!

동물원에서 동물을 키울 때 꼭 지켜야 할 다섯 가지 원칙이 있답니다. 우리가 방문했던 동물원은 이 원칙을 지키고 있는지 한번 생각해 보아요.

1. 풍부한 물과 음식

깨끗한 물, 영양분이 풍부한 음식이 필요해요. 동물원 관람객이 사람이 먹는 음식을 동물에게 함부로 주면 그걸 먹은 동물은 병에 걸려요. 사람들이 동물에게 함부로 음식을 줄 수 없게 적극적으로 관리해 주어야 해요.

2. 동물의 특성을 반영한 환경

각각의 동물이 가진 특성을 충분히 반영한 환경을 제공해야 해요. 예를 들면 체중이 많이 나가는 코끼리는 딱딱한 시멘트 바닥에 오래 서 있으면 발이 아파요. 부드러운 흙으로 된 바닥이 좋아요. 원숭이는 주로 나무 위에서 생활하니까 나무에 오를 수 있도록 가지가 많은 나무를 여러 그루 심어 주어야 해요. 독수리와 같은 조류에게는 날 수 있도록 넓은 비행장을 마련해 주는 것이 좋아요.

3. 꼼꼼한 건강 관리

동물원에 갇혀 있는 동물은 자연에서 사는 동물보다 스트레스를 많이 받아요. 관람객이 던지는 물건에 맞아 다칠 수도 있고요. 동물이 병에 걸리거나 다치지 않게 안전한 환경을 마련해 주어야 해요. 아프거나 다친 동물이 없는지 항상 관찰하고 적절한 치료를 제공해야 해요.

4. 정상적인 행동을 할 수 있는 기회 제공

동물이 자연에서 살 때와 가능한 한 비슷하게 행동할 수 있도록 기회를 줘야 해요. 예를 들어 목이 긴 기린은 자연에서 키 큰 나무에 달린 잎사귀와 작은 가지를 먹어요. 동물원에서도 높은 곳에 먹이를 매달아 주는 것이 좋아요. 천적을 피하기 위해 깊은 굴을 파고 들어가는 습성이 있는 수달을 위해서는 긴 터널을 마련해 줘야 해요. 코뿔소는 몸에 붙은 진드기를 없애기 위해 진흙 목욕을 하는 것을 좋아하기 때문에 우리 안에 진흙 웅덩이를 만들어 주면 좋아요.

5. 공포와 고통으로부터 보호

동물이 동물원에서 살면서 느낄 수 있는 공포와 고통을 최대한 줄여 줘야 해요. 동물원 관람객이 동물에게 물건을 던지거나 소리를 지르지 못하도록, 눈에 잘 띄는 곳에 관람 예절 안내판을 설치해야 해요. 동물과 사람이 적절한 거리를 유지할 수 있도록 동물원을 설계하고, 동물에게 숨을 수 있는 장소를 마련해 주는 것이 좋아요.

동물들도 마음의 병이 생겨요

혹시 동물원에서 이상한 행동을 하는 동물을 본 적이 있나요? 아무런 이유 없이 머리를 이리저리 흔드는 코끼리, 우리 안에서 빙글빙글 도는 늑대, 자기 깃털을 부리로 뽑는 새 같은 것 말이에요.

동물이 평소와 다른 행동을 반복해 보이는 이상 행동을 '정형 행동'이라고 불러요. 정형 행동은 자연과 너무나도 다른 환경에서 살면서 스트레스를 받은 동물들에게 나타나요. 매일 좁은 곳에 갇혀 있으니 마음의 병이 생기는 거지요.

동물원에 사는 동물의 정형 행동을 멈추게 하려면 어떤 도움을 주어야 할까요? 정형 행동은 일상이 지루하면 더 심해질 수 있으니 자연 속에서 살 때 했던 행동을 할 수 있도록 환경을 꾸며 주면 도움이 돼요.

동물이 몸을 식히고 물장난을 할 수 있는 웅덩이를 만들어 주거나, 직접 사냥할 수 있게 먹이를 주는 방식을 바꿔 주면 좋겠지요. 다른 동물을 만나게 해 주거나, 새로운 냄새나 소리를 경험하게 해 주면 새로운 자극을 받을 수 있어요.

동물의 서식지와 최대한 비슷하게 동물원의 시설을 바꾸는 일도 중요해요. 하지만 아무리 좋은 동물원이어도 동물에게는 부족할 수밖에

지능이 높은 동물일수록 무료함을 잘 느껴서 마음의 병이 심해요.

없지요. 비슷하게 꾸며 줄 수는 있어도 온도, 습도, 생태까지 모두 맞춰 줄 수는 없으니까요.

북극곰의 경우에는 아무리 에어컨을 틀어 온도를 낮추고 사육장 연못에 얼음을 넣어 주어도 북극과 같은 환경을 만들 수는 없어요. 북극은 겨울에 기온이 영하 40도까지 내려가는데 그 환경을 인위적으로 만들기는 어렵지요.

아무리 좋은 환경을 꾸며 주어도
자연과 같을 수는 없어요.

    게다가 북극곰의 몸은 북극 환경에 맞춰져 있어요. 털은 온기를 품고 있기 좋게 유리관과 같은 구조로 생겼고, 추위를 이길 수 있게 두꺼운 지방층도 갖고 있어요. 그래서 우리나라 여름처럼 영상 30도가 넘는 기후를 견디는 건 북극곰에게 아주 괴로운 일이에요.

오랑우탄은 지능이 높은 동물이어서 사람처럼 오랑우탄끼리 감정 표현을 주고받아요. 수많은 관람객이 모여들어 자신을 구경할 때 오랑우탄은 두려움과 쓸쓸함을 느낀다고 해요.

북극곰과 오랑우탄뿐만 아니라 모든 동물이 건강한 몸과 마음으로 살 수 있는 곳은 오직 자연뿐이랍니다.

오랑우탄은 감정을 교류하는 능력이 인간과 매우 흡사한 동물이에요.

동물을 존중하는 관람객이 되어요!

　전 세계의 수많은 동물원이 단숨에 사라지기란 어려워요. 동물원에서 오래 살면서 야생에서 사는 법을 잊어버린 동물들을 바로 자연으로 돌려보내기도 쉽지 않고요. 그러니까 우리가 동물원에 가게 된다면 동물을 존중하는 관람객이 되어 보면 좋겠어요.

　먼저, 사람뿐 아니라 동물에게도 예의를 지켜야 해요. 동물원에 갇혀 있는 것만으로도 동물에게는 무척 힘든 일이기 때문에 동물을 관찰할 때 매우 조심스럽게 다가가야 해요.

　관찰하고 싶은 동물이 자연에서는 어떻게 살았는지, 사람들의 어떤 행동 때문에 스트레스를 받는지 미리 조사해 보아요. 그러면 동물에게 피해를 덜 주면서 관찰할 수 있겠지요?

　자연 속에서 사는 동물의 영상을 미리 찾아보면 동물원에 갇힌 동물과 어떻게 다른지 비교해 볼 수 있을 거예요. 동물원 동물에 대한 기사를 찾아보고 가도 좋아요.

　동물원에 가서 동물을 관찰하는 것도 좋지만 동물원 환경도 꼼꼼하게 관찰하며 어떤 점이 부족한지 살펴보기로 해요. 바닥이 시멘트 바닥으로만 되어 있는 건 아닌지, 기온과 습도가 잘 맞는지, 사람을 피해 숨을 공간이 있는지 등을 살펴보면 좋아요.

동물에게 사람이 먹는 음식이나 물건을 던지면 동물이 병에 걸리거나 다칠 수 있어요. 동물은 정해진 시간에 사육사가 준비한 적절한 먹이를 먹어야 건강하게 지낼 수 있답니다. 동물의 관심을 끌기 위해 벽을 두드리거나 소리를 지르는 행동도 하지 않기로 해요. 동물의 일상을 지켜 주는 방법이에요.

또 하나, 동물을 등장시키는 동물 공연을 보지 않기로 해요. 야생 동물은 포획된 뒤에도 공연 때문에 고통스러운 훈련을 받는답니다. 동물들이 공연을 하게 만들려고 동물을 아프게 하거나 배고프게 하는 잔인한 방법으로 훈련을 해요. 이 과정에서 동물은 상상도 할 수 없는 큰 고통을 느끼게 돼요.

동물을 만질 수 있게 되어 있더라도 동물을 만지지 말아요! 우리는 동물을 한 번 만지는 것뿐이지만 그 동물은 매일 수많은 관람객의 손

이제는 돌고래 쇼를 볼 때 감탄하고만 있을 수는 없겠지요?

길을 받아야 하기 때문에 매우 큰 스트레스를 받아요. 뱀을 들고 사진을 찍거나 코끼리 등에 올라타는 체험도 동물에게 큰 스트레스를 준답니다. 동물을 한 번 만져 본다고 해서 동물의 습성과 생태를 알 수 있는 건 아니에요. 우리가 동물을 관찰하는 방법만 바꾸어도 동물원의 동물들이 조금은 고통을 덜 수 있어요.

영국으로 이사 가고 싶던 북극곰 통키

　한국에는 통키라는 이름을 가진 북극곰이 있었어요. 북극곰의 생태와 너무도 맞지 않는 한국에서 사계절 내내 너무 덥게 지내야 했지요. 북극곰은 멸종 위기에 처한 동물이라 통키의 건강을 지켜 주는 일은 무척이나 중요했답니다.

　그런데 통키가 영국으로 이사를 가기로 했다는 반가운 소식이 들려왔어요. 통키를 데리고 있는 한국 동물원이 통키의 건강을 위해서 통키를 영국 요크셔 야생 동물원으로 보내기로 한 거예요. 요크셔 야생 동물원에는 북극곰에 대해 잘 알고 있는 전문가들이 있고, 한국 동물원보다 넓고 북극과 유사한 환경으로 꾸며진 시설이 있기 때문이에요.

　하지만 이사를 얼마 앞두고 2018년 10월에 통키가 숨을 거두고 말았어요. 한국 환경 때문에 건강하게 지내지 못한 통키의 이야기에 가슴 아파한 사람들이 많았답니다. 한국 동물원도 동물 복지를 고려해 더 나은 환경으로 개선되면 좋겠어요.

제주도 바다로 돌아간 남방큰돌고래 제돌이

 남방큰돌고래 제돌이는 원래 제주도의 푸르고 드넓은 바다에서 살고 있었어요. 그런데 어느 날 갑자기 사람들이 나타나 제돌이를 잡아 동물원으로 데려갔지요. 제돌이는 사람들을 즐겁게 해 주려고 위험하고 힘든 묘기를 해야만 했어요. 묘기에 성공한 돌고래에게만 물고기를 주었기 때문에 제돌이도 훈련을 할 수밖에 없었답니다.
 그런데 2013년, 제돌이를 데리고 있던 동물원이 돌고래들을 위해서 앞으로는 더 이상 돌고래 쇼를 하지 않겠다고 약속했어요! 무려 29년간 진행되어 온 돌고래 쇼가 없어진 역사적인 순간이었지요. 제돌이는 다른 돌고래 친구들과 함께 다시 푸르고 넓은 바다로 되돌아갔답니다.
 최근에는 제돌이가 제주도 앞바다에서 적응을 잘해 무리에서 우두머리 역할까지 하고 있다는 소식이 들려왔어요. 언젠가는 모든 돌고래가 수족관이 아닌 바다에서 사는 날이 올까요?

동물을 위한 윤리적 소비

윤리적 소비란 무엇일까요?

뉴스나 교과서에서 '경제'라는 단어를 본 적이 있을 거예요. 경제 활동이란 우리가 살아가는 데 필요한 것을 만들고, 나누고, 쓰는 모든 활동을 의미해요. 이때 물건이나 서비스를 만들어 내는 것을 '생산', 사람들에게 나누는 것을 '분배', 구매해서 쓰는 것을 '소비'라고 하지요. 여러분이 문구점에서 돈을 내고 학용품을 사거나 빵집에서 간식을 구매한다면 이것은 소비 활동에 해당해요.

그렇다면 '윤리적 소비'란 무엇일까요? '윤리'란 사람으로서 마땅히 행하거나 지켜야 할 도리를 의미해요. 윤리적으로 소비한다는 것은, 내가 사려는 물건이 만들어지는 과정에서 도리에 어긋나는 일은 없는지 살펴보는 것을 말하지요. 즉, 내가 고른 물건이 사람, 동물, 환경에 피해를 입히면서 만들어진 것은 아닌지 따져 보면서 구매하는 거예요.

예를 들어 겨울에 입을 외투를 구매하려고 옷 가게에 갔다고 생각해 볼까요? 옷을 구매할 때 우리는 어떻게 윤리적 소비를 할 수 있을까요?

만약 우리가 동물을 위해 윤리적 소비를 한다면, 옷의 가격이나 디자인만을 보고 옷을 고르지는 않을 거예요. 옷이 어떤 재료로 만들어졌으며, 그 과정에서 피해를 입은 동물이 있지는 않았는지 꼼꼼히 따져 봐야 해요. 그러고는 오리털, 거위털, 토끼털, 라쿤털 등 동물의 털로 만든 옷은 고르지 않는 것이 윤리적 소비 활동이에요.

점점 더 많은 사람이 동물을 위해 윤리적 소비에 참여한다면, 옷을 만드는 기업도 생산 과정에서 동물 복지에 신경 쓰려고 노력할 거예요. 윤리적 소비는 기업을 변화시키고 세상을 바꿀 힘을 가진 착한 소비랍니다.

음식을 먹을 때 동물 복지를 생각해요

우리가 먹는 음식을 고를 때에도 윤리적 소비를 할 수 있을까요? 하루 동안 무엇을 먹었는지 곰곰 생각해 보세요. 혹시 그중에 고기와 달걀, 우유가 들어간 음식이 있나요? 국과 반찬은 물론이고 간식으로 먹는 빵이나 피자 등 고기와 달걀, 우유가 들어간 음식은 우리 주변에서 쉽게 찾을 수 있어요. 그렇다면 이 재료의 공통점은 무엇일까요? 바로 동물에게 얻는 재료이지요.

동물을 위해 무조건 고기와 우유, 달걀을 먹지 않아야 하냐고요? 음식을 먹을 때에는 영양소를 생각해야 하기 때문에 골고루 먹는 게 중요해요. 하지만 음식의 재료가 되는 동물들을 어떤 환경에서 키우는지에 대해서는 생각해 볼 필요가 있답니다. 우리의 건강과도 연결되어 있으니 아주 중요한 문제이지요.

동물을 대량으로 키우는 농장이 많아지면 환경이 오염되고 숲을 파괴해 다른 야생 동물의 서식지가 없어진답니다. 게다가 제한된 장소에서 많은 동물을 키워 이익을 높이려고 하는 곳이 많아 사회적으로 큰 문제가 되고 있어요. 동물들이 움직일 수조차 없는 좁은 곳에 가두고 먹이만 주며 키우는 곳이 많지요. 동물에게 자유롭게 달리거나 날개를 펼칠 수 있는 공간조차 허락되지 않아요.

이렇게 키운 동물들은 엄청난 스트레스를 받으며 자라요. 스트레스로 몸과 마음이 상한 동물을 고기로 먹는 게 우리 건강에 도움이 될지 한 번쯤 생각해 볼 문제예요.

그리고 이렇게 좁은 공간에서 많은 동물을 키우다 보면 전염병이 생겼을 때 빠르게 퍼질 수 있어서 엄청난 양의 항생제나 살충제를 사용하기도 해요. 이런 약품을 동물에게 계속해서 사용하면 동물의 몸에 축적되어 그것을 먹는 사람에게 그대로 전달되지요.

고개조차 돌릴 수 없는 좁은 곳에 가두어 키우는 곳이 많아요.

그래서 최근에는 동물이 자라는 환경이 중요하다는 것을 인식하고, 동물 학대가 없는 동물 복지형 농장이 많아지기를 바라는 사람들이 늘어나고 있답니다. 동물에게 더 넓은 공간을 제공하고 동물이 가진 최소한의 욕구와 습성을 존중하며 키우는 농장이지요.

그런 농장의 경우에 '동물 복지', '유기 축산물' 마크를 상품에 부착할 수 있어요. 소비자들은 상품의 포장지에 붙어 있는 이 마크를 보고 동물 복지형 농장에서 키운 상품인지 바로 알아볼 수 있어요. 이 마크가 붙어 있는 상품의 소비가 늘어나면 동물을 학대하며 키우는 농장도 점차 줄어들 거예요.

고기를 먹는 것 자체가 동물 보호에 어긋난다고 생각해서 일부러 고기를 먹지 않는 사람들도 있어요. 사회 문제에 저항하기 위해 고기를 피하는 사람도 있고, 자신의 건강 때문에 먹지 않는 사람도 있어요. 이러한 사람들을 채식주의자라고 부른답니다.

동물 복지형 농장 상품에 부착하는 마크

하지만 모든 채식주의자가 고기만 먹지 않는 건 아니에요. 생선, 달걀, 우유 등 동물에게서 얻을 수 있는 식재료를 먹지 않거나 최소한으로 먹으려고 노력하는 채식주의자들도 있지요. 채식주의자는 각자 자신만의 규칙을 만들어 채식을 실천하지만, 이건 각자 생각의 기준이 다른 것이기 때문에 어떤 것이 더 옳은지 가릴 수 있는 문제는 아니랍니다.

우리가 음식을 먹을 때에는 건강에 대해서도 생각해야 하지만 이러한 사회 문제에 대해서도 관심을 가져야 해요. 그리고 나의 건강, 동물, 환경을 생각했을 때 어떤 선택을 하는 게 좋을지 기준을 세워 보는 거예요.

비누, 화장품, 세제에 숨어 있는 동물 실험

우리는 몸을 씻을 때 비누와 샴푸 등을 사용해요. 피부를 보호하기 위해 화장품도 바르고요. 빨래를 할 때나 설거지를 할 때에도 세제를 쓰지요. 이렇게 우리가 매일 사용하는 비누, 화장품, 세제 등에도 동물과 관련된 일이 숨어 있답니다.

비누, 샴푸, 화장품 등의 성분을 보면 꿀, 우유, 달팽이 점액 등 동

우리가 안전하기 위해 동물을 이용해서 실험해도 괜찮을까요?

물성 원료를 사용한 제품들이 있어요. 동물성 원료를 사용해서 만드는 제품이 늘어나면 당연히 동물들의 희생도 늘어나겠지요? 제품을 선택할 때 이런 부분에 대해서도 고려해 보면 좋아요.

그리고 동물 실험을 거친 제품인지 살펴볼 필요가 있어요. 동물 실험은, 새로 만든 제품이 사람의 피부에 닿아도 안전한지 알아보기 위해서 동물에게 먼저 사용해 보는 실험이지요. 실험에 이용된 동물들은 병에 걸리거나 죽는 경우가 많답니다. 이 결과를 바탕으로 사람에게 유해한지 판단하는 거예요.

이렇게 동물 실험을 하는 건 사람을 이롭게 하기 위해서 동물을 희생시키는 거예요. 하지만 동물에게 실험했을 때에는 별다른 문제가 없어 보여도 사람에게는 문제를 일으킬 수 있답니다. 동물의 몸과 사람의 몸은 많이 다르기 때문이에요.

과연 동물성 원료를 사용하거나 동물 실험을 해야만 좋은 제품을 만들 수 있을까요? 사람에게 안전하다고 알려진 원료는 이미 수천 가지가 있어요. 이미 검증된 원료를 가지고 제품을 만든다면 더 이상 동물 실험을 하지 않을 수 있겠지요.

비누, 샴푸, 화장품을 구매할 때 동물성 원료가 들어 있지는 않은

지, 동물에게 실험을 해서 만들어진 제품은 아닌지 확인하기로 해요. 최근에는 동물 실험을 반대하는 의미로 동물 실험을 거치지 않고 출시하는 제품들도 많아요.

세제도 마찬가지예요. 베이킹소다, 과탄산소다, EM 용액 등 환경을 해치지 않고 동물 실험도 거치지 않는 천연 세제를 이용하면 좋겠지요. 실험에 이용하는 동물들을 생각한 우리의 윤리적 소비가 수많은 동물을 고통으로부터 구해 줄 거예요.

옷과 이불을 선택할 때 동물 생존권을 생각해요

사람은 다른 동물에 비해 털이 적고 피부가 그대로 드러나기 때문에 옷을 입어서 피부를 보호하고 체온을 유지한답니다. 밤에 잘 때 이불을 덮어 몸을 따뜻하게 하기도 해요.

옷과 이불을 만드는 원료인 섬유도 식물성과 동물성으로 나뉘어요. 면과 솜은 목화 나무의 열매에서 얻을 수 있는 식물성 섬유예요. 울은 양의 털에서, 캐시미어는 염소의 털에서, 실크는 누에나방의 고치에서 얻을 수 있는 동물성 섬유지요. 그리고 토끼나 라쿤의 털을 이용해 겨울 외투를 만들기도 하고, 오리나 거위의 깃털을 충전재로 사용하기도 해요. 벨트, 지갑, 가방, 구두와 같은 물건은 소나 악어의 가죽을 사용하기도 하지요.

동물의 털이나 가죽을 사용한 제품이 더 따뜻하고 값지다는 편견이 있어서 많은 소비자가 이런 제품을 선호하기도 해요. 하지만 이런 제품을 만들기 위해 털과 가죽을 얻는 과정은 매우 잔인하답니다. 동물

우리에게 털을 주고 나면 양은 몸을 보호하기 힘들어져요.

을 그저 상품의 원료로만 취급하기 때문이에요. 우리는 이런 제품을 소비하는 것이 과연 윤리적인지 생각해 보아야 해요.

요즘에는 기능이 좋은 식물성 섬유와 가죽이 개발되고 있기 때문에, 동물성 원료를 사용하지 않아도 충분히 따뜻하고 멋진 옷과 이불을 만들 수 있어요. 오리털과 거위털을 대체하기 위해 개발된 '웰론' 소

동물의 가죽을 벗기는 잔인한 모습을 보면 동물의 털가죽으로 만든 옷을 입지 못할 거예요.

재가 대표적이랍니다. 버섯, 파인애플, 포도로 만든 가죽, 닥나무 껍질로 만든 한지를 이용한 가죽, 코르크 나무껍질로 만든 가죽 등 100퍼센트 식물성 가죽으로 만든 제품도 판매되고 있어요.

　우리가 동물 실험을 한 제품을 구매하지 않고, 동물의 털과 가죽으로 만든 제품을 구매하지 않아야 동물을 학대하여 제품을 만들려는 사람들도 줄어들 거예요. 우리의 윤리적 소비가 동물과 사람에게 안전한 제품이 만들어지고 판매될 수 있도록 세상을 바꿀 수 있답니다.

도시에 사는 동물들

도시의 동물들은 어떻게 살고 있을까요?

여러분의 동네에는 어떤 동물이 살고 있나요? 동물을 떠올리면 자연스럽게 먼 바다와 숲, 초원이 생각날 거예요. 아니면 동물원을 떠올리는 친구들도 있겠지요. 하지만 도시 안에도 다양한 동물이 있답니다. 등굣길에 참새, 비둘기, 지렁이, 개미, 잠자리, 고양이 같은 동물을 만난 경험이 누구나 있을 거예요.

도시는 사람들의 편리를 위해 만들어진 공간이에요. 그래서 동물에게는 살기 어려운 환경이지요. 참새와 비둘기가 자유롭게 날고 싶은

보도블록 사이에서 개미굴을 쉽게 발견할 수 있답니다.

하늘에는 높은 건물이 우뚝 솟아 있고, 지렁이나 곤충이 살 수 있는 흙과 풀숲이 도시에는 많지 않아요. 길고양이는 깨끗한 물을 마실 수 있는 개울을 찾기 어려워하고, 빠르게 달리는 자동차들 때문에 사고를 당하거나 위태로운 상황에 처하곤 해요.

　우리는 어떻게 하면 도시 안에서 살아가는 동물들과 함께 잘 지낼 수 있을까요? 우리가 주변의 동물들이 겪는 어려움을 이해하고 조금만 더 배려한다면 사람과 동물이 함께 사는 도시를 만들어 나갈 수 있을 거예요.

비둘기는 도시 공원에서 가장 흔하게 볼 수 있는 새가 되었어요.

길고양이와 함께 살아가는 공간을 만들어요

고양이는 반려동물로서 사람의 집에서 함께 살기도 해요. 하지만 길 위를 자유롭게 돌아다니며 살아가는 고양이들도 많지요. 길 위에 사는 고양이를 흔히 '길고양이'라고 불러요.

고양이는 원래 쥐 같은 작은 동물을 사냥하며 먹이 활동을 해요. 그런데 사람이 사는 도시에는 숲처럼 작은 동물이 많지 않지요. 그리고 도시에는 나무와 흙이 거의 없어서 길고양이가 편히 쉴 수 있는 공간을 찾기 어려워요. 깨끗한 물이 흐르는 개울이나 연못도 찾기 힘드니

물을 마시기도 쉽지 않아요. 그래서 길고양이들이 건강하게 살기 위해서는 사람들의 작은 도움이 필요해요. 길고양이를 어떻게 도와줄 수 있을까요?

우선 길고양이에게 가장 필요한 것은 깨끗한 물과 사료예요. 길고양이가 자주 다니는 곳에 깨끗한 물과 고양이용 사료를 놓아 준다면 고양이들이 든든하게 식사를 할 수 있어요. 이때 우유나 참치 통조림, 소시지 등 사람이 먹는 음식은 주지 마세요. 고양이의 건강에 좋지 않은 유당이나 나트륨이 들어 있거든요.

길고양이 급식소를 만들어 밥을 주면 고양이들이 그곳에 매일 오기 때문에 주변 이웃들 중에 불편해하는 사람이 생길 수 있어요. 그래서 밥그릇 주변을 늘 깨끗하게 치워서 이웃과 갈등이 생기지 않도록 노력하는 것도 중요해요.

사람이 버린 쓰레기를 뒤지는 고양이가 있다면
너무나 오래 굶었기 때문일 거예요.

그리고 고양이에게 튼튼한 집을 만들어 주어요. 고양이가 여름철 장맛비와 겨울 추위를 피해 건강하게 지낼 수 있답니다.

특히 길에서 새끼 고양이를 만났을 때 잊지 말아야 할 것들이 있어요. 어미 고양이는 새끼 고양이를 두고 먹이를 구하러 다녀요. 짧게는 두 시간 길게는 여덟 시간까지도 걸린답니다. 새끼 고양이의 눈과 코 주변이 깔끔하고 특별히 아픈 곳이 없어 보인다면 주변에 어미 고양이가 있을 가능성이 커요.

그래서 새끼 고양이를 함부로 만지면 안 돼요. 사람 냄새를 묻히면 어미 고양이가 새끼를 못 알아볼지도 몰라요. 그리고 사람이 새끼와 가까이 있으면 어미 고양이가 무서워서 다가오지 못할 수 있답니다. 멀리 떨어진 곳에서 가끔 새끼 고양이를 관찰해 보세요.

잘 관찰해 보았는데 하루가 지나도록 어미 고양이가 나타나지 않았다면 어떻게 해야 할까요? 이대로 어미 고양이가 계속 나타나지 않는다면 새끼 고양이가 굶거나 위험에 처할지도 몰라요.

그럴 때에는 새끼 고양이를 안전한 곳으로 옮겨서 몸을 따뜻하게 해 주고 물과 먹이를 주세요. 만약 고양이가 너무 말랐거나 아파 보인다면 동물 병원에 먼저 데려가는 것이 좋아요.

사람과 함께 지내는 것이 익숙해진 고양이는 길로 되돌아갈 수 없어요. 그러니 구조한 고양이는 잘 돌봐 줄 수 있는 사람을 찾아서 입양을 보내 주세요.

사람의 손길에 익숙해진 뒤에는 야생에서 적응하기 어렵답니다.

투명한 유리창 때문에 새는 생명을 잃을 수 있어요.

도시 환경이 새의 생명을 위협해요

도시 곳곳에서 참새나 비둘기를 자주 볼 수 있어요. 하늘을 날아다니는 새에게는 높은 건물이 많은 도시 환경이 위협이 될 수 있답니다.

새는 사람과 달리 눈이 얼굴의 양옆에 있어요. 다른 동물에게 잡아먹히지 않으려면 사방을 관찰하며 날아야 하기 때문이에요. 그래서 새는 정면에 투명한 유리창이 있으면 잘 알아보지 못해요.

하지만 건축 기술이 발전하면서 점점 더 높은 건물이 지어졌어요. 단단한 유리가 발명되니 큰 유리 창문이 있는 건물도 많이 짓게 되었고요. 건물에 투명한 유리가 많으면 햇빛도 잘 들어오고 창밖 풍경도 잘 보이니까요. 그로 인해서 새들이 창문에 부딪혀 다치거나 죽는 일이 자주 일어나게 되었어요. 새는 아주 빠르게 날기 때문에 나는 도중 장애물에 부딪히면 큰 충격을 받거든요.

그럼 새가 창문에 부딪혀 죽지 않게 도울 수 있는 방법이 있을까요? 아주 간단한 방법이 있어요. 창문에 불투명한 필름이나 시트지를 붙여도 되고, 아크릴 물감으로 작은 점들을 찍어 주면 이런 사고를 예방할 수 있답니다. 이때 10센티미터 정도의 일정한 간격으로 점을 찍어 주세요. 창밖이 잘 보이면서도 새들의 충돌을 막을 수 있을 거예요.

곤충도 도시에서 살아가는 생명이에요

도시에서도 학교 운동장이나 집 근처 화단에서 곤충을 쉽게 볼 수 있어요. 개미, 벌, 매미, 잠자리 등 종류도 다양하지요.

공원처럼 흙과 나무가 많은 곳은 곤충에게 좋은 집이랍니다. 물론 사람들이 방해를 하지 않아야만 곤충도 안전하게 살 수 있겠지요.

곤충이 살아가는 모습이 궁금하다면 어떻게 관찰해야 좋을까요?

곤충을 잡아 유리병이나 플라스틱 통에 넣고 관찰하는 친구들이 많지만 좋은 방법이 아니에요. 그 대신 자연 속에서 움직임을 관찰하고, 자세한 생김새를 살펴보고 싶을 때에는 도감을 활용하기로 해요.

곤충을 채집해서 통에 가두면 곤충은 무척이나 스트레스를 받을 거예요. 자신이 잘 알지 못하는 낯선 곳에 갑자기 갇혀 버렸으니 평소에 하던 행동을 더 이상 하지 않겠지요. 그렇다고 흔들고 툭툭 건드리며 곤충을 괴롭히면 그대로 죽을 수도 있어요.

크기가 작아도 소중한 생명이므로 우리는 외모와 크기에 상관없이 모든 동물을 존중해야 한답니다. 관찰할 때 곤충을 함부로 만지지 말아 주세요. 그리고 곤충의 집이 파괴되지 않도록 조심하는 것도 잊지 말아요.

학교에서도 동물 보호를 실천해요!

도시에 있는 학교라면 동물 친화적 학교인지 한 번 더 생각해 볼 필요가 있어요. '동물 친화적 학교'란 사람과 동물이 사이좋게 어울려 살아가기를 바라는 마음으로 동물 보호를 실천하는 학교를 말해요. 그런데 내가 다니는 학교와 동물이 무슨 상관인지 궁금해하는 친구가 있을지도 모르겠어요.

자, 여러분이 다니는 학교 운동장이나 학교 주변을 잘 떠올려 보세요. 비둘기나 까치, 지렁이, 개미, 달팽이, 개 그리고 길고양이와 같은 동물은 학교 안이나 주변에서도 살아가고 있어요. 학교는 이런 동물들에게 좋은 집이나 쉼터가 될 수 있지요.

학교에서 이루어지는 수업이나 활동이 동물과 관련되어 있기도 해요. 동물을 관찰하기 위해 교실

에서 올챙이나 개미, 장수풍뎅이, 거북 등을 키우기도 하고, 운동장에 사육장을 설치해 닭이나 토끼를 키우기도 해요. 많은 학교가 체험 학습 장소로 동물원을 선택하기도 하고요. 과학 시간에 살아 있는 동물을 대상으로 해부 실습을 하기도 하지요. 이제 학교도 동물과 관련이 깊다는 걸 알 수 있겠지요?

학교는 동물에게 좋은 집일까요?

학교에서 동물을 키운다고요? 학교는 많은 사람이 생활하는 공간이기 때문에 동물을 학교에서 키우는 건 좋지 않아요. 동물은 학교를 시끄럽고 무서운 곳으로 느낄 수 있으니까요. 학교에서 동물을 키우려면 동물들에게 행복하고 편안한 집이 될 수 있도록 많은 노력을 해야 해요.

학교에서 동물을 키울 때 점검할 것이 몇 가지 있어요. 동물을 돌보기 좋은 환경인지, 학교가 쉬는 날에는 누가 관리하는지 등이에요.

하나씩 점검해 보고 부족한 부분이 있다면 학교에 건의해서 개선하는 것도 좋은 방법이에요. 되도록 학교 안에서 동물을 키우지 않는 게 가장 좋기 때문에 앞으로 어떤 방식으로 관찰 수업을 하면 좋을지 의견을 나누어 보는 것도 좋아요.

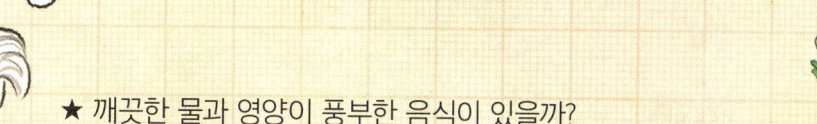

학교에서 동물을 키울 때 점검할 것

★ 깨끗한 물과 영양이 풍부한 음식이 있을까?

★ 동물의 특성을 고려한 사육 환경을 갖추고 있을까?

★ 동물이 정상적인 행동을 할 수 있는 기회가 있을까?

★ 다른 동물과 함께 혹은 떨어져 지내고자 하는 욕구를 존중해 주는 환경일까?

★ 사람의 시선과 공포로부터 보호받을 수 있는 공간이 있을까?

★ 동물을 돌보고 치료할 만한 예산이 충분할까?

★ 책임자를 정하고 적절하게 역할이 분배되어 있을까?

★ 동물을 대하는 태도에 대한 교육을 하고 있을까?

★ 저녁, 주말, 공휴일, 방학 중 관리를 담당하는 사람이 있을까?

★ 학생들의 동물 털 알레르기 등 안전사고에 대비하고 있을까?

동물 해부 실습은 이제 그만!

동물 해부 실습에 참여해 본 경험이 있나요? 방과 후 수업이나 과학 동아리 활동 중에 살아 있는 동물을 대상으로 해부 실습을 하는 경우가 있어요. 이때 두려움이나 불편함을 느낀다면 그건 마음이 약해서가 아니에요. 동물의 고통에 공감할 수 있는 사람이기 때문이지요.

전문적으로 훈련을 받지 않은 학생들이 해부를 하면 동물은 극심한 고통을 느끼며 죽게 돼요. 우리는 해부 실습 대신 사진이나 그림, 모형을 통해서도 동물에 대해서 충분히 배울 수 있답니다. 동물은 도구나 물건이 아니라 생명을 가진 존재이므로 존중받아야 해요.

모형을 통해서도 얼마든지 해부 실험을 할 수 있답니다.

서울 공연 초등학교 5학년 5반의 길고양이 쉼터 만들기

    서울 공연 초등학교 5학년 5반의 학생들은 '우리 곁의 동물과 동물 보호'를 주제로 특별한 수업을 했답니다. 어떤 활동을 했는지 구체적으로 살펴볼까요?

    학생들은 관찰할 대상으로 평소에 학교 주변에서 자주 만날 수 있던 길고양이를 떠올렸어요. 길에서 사는 고양이들은 깨끗한 물과 밥을 먹기가 어려워서 힘겹게 살아가고 있었지요. 학생들은 '어떻게 하면 우리가 길고양이를 도와줄 수 있을까?' 하고 고민해 보기 시작했어요. 그래서 일단 길고양이를 자주 마주쳤던 길에서 기다리고 있다가 관찰도 하고 사진도 찍었어요.

길고양이 관찰 일지

- 근처에 음식점 골목이 있어 고양이들이 주워 먹는 듯함.
- 골목길이 많은데 차가 많이 다니는 편이라 위험해 보임.
- 학교 근처에 자주 보이는 단골 고양이 3마리가 있음.
  (노랑, 삼색, 푸른 회색) 새끼 고양이도 목격함!
- 근처에 마땅한 고양이 쉼터가 없는데, 학교로부터 조금 떨어진 서울 과학 기술 대학교에 고양이 쉼터가 운영되고 있음.
- 살찐 고양이가 많아서 건강하다고 생각했는데, 사실 짠 걸 많이 먹어서 부어 있는 고양이들도 있었음.
- 학교를 지나갈 때마다 길고양이를 매번 마주치는 학생이 많았음.

길고양이에게 가장 필요한 것은 무엇이었을까요? 5학년 5반 학생들은 '쉼터'라고 생각했어요. 깨끗한 물과 밥을 먹고, 비나 추위를 피할 수 있는 쉼터가 부족해 보였기 때문이에요.

적절한 장소로는 학교를 꼽았어요. 학생들이 집에 가고 나면 학교는 조용하니까 고양이들이 쉬러 오기에 좋을 거라고 생각했어요.

학교 안에서도 어떤 장소를 고를지 고민해 보았지요. 그중에서 정문 옆에 있는 보안관실 근처를 선택했어요. 그곳에 쉼터를 설치하면 아무도 길고양이를 괴롭히지 못할 것 같았거든요. 학생들이 많아 시끄러운 학교 건물과 떨어져 있어서 고양이들이 편안하게 쉴 수도 있을 거고요.

쉼터를 설치할 공간까지 정해지자 학생들은 길고양이 쉼터를 당장 설치하고 싶었어요. 하지만 그럴 수는 없었지요. 학교는 다른 학생들도 함께 사용하는 공간이기 때문에 전교생의 동의를 받아야 했거든요. 그래서 5학년 5반 학생들은 전교를 돌아다니며 우리가 길고양이와 공존해야 하는 이유에 대해서 알렸어요. 길고양이 쉼터를 설치하고 싶다는 이야기도 했지요.

전교생에게 충분히 알리고 나자 학생들은 '길고양이 쉼터 설치'를 전교 어린이 회의 안건으로 제안했어요. 5학년 5반 학생들의 열정적인 모습이 다른 학생들의 마음도 움직였는지, 전교생의 무려 92퍼센트가 길고양이 쉼터 설치에 찬성했어요.

공연 초등학교는 앞으로 길고양이 쉼터 운영단을 모집해서 학교 안에서 길고양이 쉼터를 운영할 예정이랍니다. 공연 초등학교 주변의 길고양이들은 지금보다 훨씬 더 안전한 환경에서 건강하게 살 수 있을 거예요. 동물을 사랑하는 마음을 실천으로 옮긴 학생들의 모습이 정말 멋지지 않나요?

건강하게 반려동물 돌보기

반려동물에게 가족의 돌봄이 중요한 이유

반려동물이 건강하게 살기 위해서는 무엇이 필요할까요? 기본적으로는 그 동물의 고유한 습성에 맞는 환경이 갖춰져야 해요. 동물의 입장에서 정상적인 행동을 표현할 수 있는 기회도 주어져야 하지요.

예를 들어 고슴도치는 온도와 습도에 민감한 동물이에요. 특히 추위에 약해서 겨울에는 전기 방석이나 난로, 따뜻한 물을 담은 페트병 등을 이용해서 감기나 저체온증에 걸리지 않게 해 줘야 해요.

또한, 고슴도치는 야행성 동물이에요. 환한 낮에는 어둡고 좁은 곳에 들어가서 자는 것을 좋아해요. 그러니 조용하고 어두운 공간을 마련해 주고, 자는 동안에는 만지는 일이 없어야 해요. 고슴도치가 밤에는 필요한 운동량을 채울 수 있도록 집에 큰 쳇바퀴를 넣어 주는 것도 좋지요. 이렇듯 반려동물의 습성을 이해하고 생활 습관에 맞춰 주려는 노력을 해야 해요.

또 하나, 반려동물은 사람과 함께 집 안에서 주로 생활하기 때문에 야생에 사는 동물처럼 필요한 걸 스스로 구할 수가 없어요. 사냥을 할 수 있는 환경이 아니니 사람의 손으로 먹이를 챙겨 주어야 해요. 운동량도 부족하기 때문에 산책을 시켜 주거나 장난감을 이용해서 놀아 주어야 건강을 유지할 수 있어요.

　반려동물에게는 함께 사는 사람들이 얼마나 큰 관심을 갖고 애정을 주는지가 매우 중요해요. 몸에 좋은 먹이를 챙겨 주고, 편안한 잠자리를 마련해 주고, 같이 산책을 나가거나 애정 어린 목소리로 이름을 불러 주는 게 반려동물에게 사랑을 표현하는 방법이지요. 한 생명에 대한 책임감을 가지고 잘 돌볼 수 있도록 끝까지 노력해야 해요.

반려동물에게도 교육이 필요해요

반려동물과 사람은 서로 다른 언어를 사용해요. 동물의 종에 따라 사람과 교감할 수 있는 정도가 다르긴 하지만, 반려동물의 몸짓을 통해서 반려동물의 감정을 짐작해 볼 수 있어요.

예를 들어 우리는 개가 꼬리를 흔들며 달려올 때 '반가움'을 표현한다는 것을 알 수 있어요. 고양이가 우리에게 자신의 몸을 부비면 '애정'을 표현한다는 것을 느낄 수 있고요. 반려동물도 우리처럼 감정이 있고 상황에 따라 기분이 달라지기 때문에 반려동물이 긍정적인 감정을 느낄 수 있도록 해 줘야 해요.

그렇다면 반려동물은 어떤 상황에서 부정적인 감정을 느낄까요? 물론 여러 상황이 있겠지만, 그중 대표적인 것은 바로 자신에게 익숙하지 않은 것을 마주쳤을 때예요. 길에서 낯선 사람이나 동물을 만났을 때, 혹은 자신이 이전에 경험해 보지 않은 낯선 환경에 놓였을 때 반려동물은 불안함이나 두려움을 느껴요.

반려동물은 이럴 때 갑자기 크게 짖거나, 도망가려고 하거나, 상대방을 공격하려고 하는 돌발적인 행동으로 스트레스를 표현하곤 해요. 낯선 상황을 만날 때마다 이런 반응이 반복된다면 반려동물이 평온한 일상을 보내기 어렵겠지요.

하지만 다행히도 반려동물이 낯선 상황에 더 잘 적응할 수 있도록 도와줄 수 있는 방법이 있어요. 바로 '사회화'라고 불리는 반려동물 교육이에요. 반려동물에게 올바른 방법으로 교육을 해 준다면 반려동물이 자신을 둘러싼 환경을 점차 편안하게 받아들이게 될 거예요.

동물의 종에 따라서, 동물이 어떤 상황을 낯설어하는지에 따라 교육 방법이 달라져요. 동물의 종에 따라 적절한 사회화 시기도 다르답니다. 하지만 대부분의 동물이 어린 시절에 교육을 받았을 때 효과가 가장 커요. 다 자란 동물도 교육이 가능하지만 나이가 들수록 교육 효과는 급격히 떨어지지요.

그래서 사회화 교육을 하기에 적절한 시기와 올바른 교육 방법을 반려동물을 키우기 전에 잘 알아 두는 게 좋답니다. 반려동물이 두려움 없이 사람과 함께 생활할 수 있도록 돕는 거지요.

반려동물을 위한 약속

지금부터 할 이야기는 우리가 반려동물을 키울 때 지켜야 할 기본적인 약속이에요. 아직 지키지 못한 약속이 있는지, 나의 반려동물에게 무엇이 더 필요할지 살펴보세요.

우선, 반려동물을 데리고 오면 가족으로 등록하세요. 사람에게 주민 등록증이나 학생증이 있듯이 반려동물에게는 동물 등록증이 있어요. '동물 관리 시스템'에 반려동물을 가족으로 등록하면 발급되지요. 동물 병원에서 필요한 시술을 받으면 시청, 군청 또는 구청에서 동물 등록증을 발급해 준답니다.

아직까지는 개와 고양이만 등록할 수 있고, 태어난 지 3개월이 지난 개는 동물보호법에 따라 반드시 등록해야 해요. 반려동물을 가족으로 등록해 두면 동물을 잃어버렸을 때 빠르게 찾을 수 있어요.

그리고 나서 동물 병원에서 종합 검진을 해요. 만약 질병이 있다면 더 아파지기 전에 미리 발견해서 치료해 줄 수 있지요. 특히 만성 질환은 눈에 띄는 증상이 특별히 없기 때문에 종합 검진을 통해서만 발견할 수 있어요. 다 자란 개와 고양이는 2년에 한 번, 나이가 많은 개와 고양이는 1년에 한 번 종합 검진을 해 주는 것이 좋아요.

그리고 중성화 수술로 책임질 수 없는 번식을 피해요. 어린 고양이나 강아지 등 아기 동물에 대한 막연한 관심과 호기심으로, 또는 돈을 벌기 위한 목적으로 반려동물의 번식을 시도하는 사람들이 있어요. 혹은 의도하지 않았지만 암컷과 수컷이 만나 암컷이 임신하는 일이 생기기도 해요.

동물은 종에 따라 한 번에 여러 마리의 새끼를 낳기도 해요. 고양이와 개의 경우 한 번에 8마리 이상의 새끼를 낳을 수 있어요. 1마리의 동물을 돌보는 데에도 많은 시간, 노력, 비용이 필요하다는 점을 고려하면 이렇게 많은 새끼를 한 가족이 책임지기는 어렵다는 것을 알 수 있어요. 게다가 이 많은 동물을 선뜻 입양해 줄 사람을 찾기란 더욱 어렵지요.

한편, 우리나라에서는 한 달에만 8천 마리 이상의 동물이 가족을 잃어버리거나 가족에게 버림받고 있어요. 하지만 그중에서 가족을 되찾거나 새로운 가족을 만나는 동물은 절반도 되지 않아요. 결국 한

정기적으로 동물 병원에 데리고 가서 검진을 해요.

달에만 1천700마리 이상의 동물이 갈 곳을 찾지 못해 안락사 되고 있지요. 이런 현실을 고려하면, 스스로 책임지지 못할 생명이 태어나도록 하는 것은 동물과 사람 모두에게 좋지 않은 일이라는 걸 알 수 있어요.

  중성화 수술을 해 주어 반려동물이 더 이상 임신하지 않게 해 주는 방법은 우리 가족이 책임질 수 없는 여러 생명이 태어나는 것을 막을 수 있어요. 뿐만 아니라 중성화 수술로 반려동물의 여러 질병을 예방할 수 있고요. 동물은 크기와 종에 따라 중성화 수술을 받을 수 있는 시기가 다르니 미리 알아보고 준비해요.

반려견과 산책할 때 리드줄은 안전을 위해 꼭 필요해요.

    반려동물은 사람들이 생활하는 곳에서 함께 살기 때문에 펫티켓을 지키는 일도 중요해요. 펫티켓은 펫pet과 에티켓étiquette의 합성어로 '반려동물을 키울 때 지켜야 할 예의'라는 의미를 가지고 있어요. 최근 산책하던 개에게 물려 사람이 다치는 일이 많이 발생했어요. 그리고 공공장소인 공원이나 길거리에서 수거되지 않은 반려견의 배설물이 문제가 되면서 펫티켓의 중요성이 강조되었어요.

    개를 반려동물로 키울 때 지켜야 할 펫티켓을 예로 들어 볼게요. 반려견과 산책할 때에는 리드줄을 꼭 사용해요. 이때, 줄이 너무 길면 개와 사람들이 접촉해서 위험해질 수 있어요. 짧게 조절할 수 있는 것을 사용하세요. 그리고 배변 봉투와 휴지를 반드시 챙기세요. 배변을 한 뒤에는 깨끗하게 치워 주세요. 펫티켓을 지키며 반려견을 매일 산책을 시켜 새로운 냄새를 맡을 수 있게 해 주세요.

반려견을 키울 때뿐만 아니라 다른 사람의 반려견을 만났을 때 지켜야 할 일도 있어요. 다른 사람의 반려견을 함부로 만지지 않고, 만지고 싶다면 먼저 허락을 구해야 해요. 개에게 큰 소리를 지르거나 갑자기 다가가지 말아야 해요. 그리고 개를 정면으로 쳐다보지 않아요. 오래 눈을 마주치는 건 개에게 공격하는 것을 의미한답니다.

반려동물을 돌볼 때 나의 역할

앞에서 살펴본 것처럼, 반려동물을 돌보는 일에는 많은 시간과 노력이 필요해요. 가족 중 누군가 혼자서 동물을 돌본다면 금세 지치게 될 뿐 아니라, 동물이 많은 사람의 관심 속에서 충분한 돌봄을 받기 어려울 거예요.

여러분의 가족은 반려동물을 돌보는 데 필요한 역할을 어떻게 나누고 있나요? 먼저 동물을 돌보기 위해서 어떤 일이 필요한지 구체적으로 떠올려 보세요. 동물의 종, 나이, 크기 등에 따라서 필요한 일이 다를 거예요. 그리고 지금은 우리 가족 중 누가 어떤 일을 하고 있는지 살펴보세요. 각자 책임감을 가지고 할 수 있는 일을 찾아본 뒤, '반려동물 돌봄 역할 분담 표'를 만들어 가족과 함께 의논해 보세요.

우리 가족 반려동물 돌봄 역할 분담 표

우리 가족은 반려동물을 돌보는 역할을 누가 하고 있나요?
가족과 함께 역할을 나누고 표를 만들어 보세요.

반려동물 정보

이름	종	나이
예) 흰둥이	예) 개	예) 3살

돌봄 역할 분담

동물을 돌보는 데 필요한 일	지금 일을 하고 있는 사람	앞으로 맡아서 할 사람
예) 산책하기	예) 아빠	예) 나-평일, 아빠-주말

반려동물 건강을 위한 정보

고양이는 물을 많이 먹어야 해요!

- 고양이가 오래 건강하게 살기 위해서는 물을 많이 먹는 게 중요해요. 물을 많이 먹으면 신장이나 방광 질환을 예방하는 데 도움이 되기 때문이에요.

- 물그릇을 항상 깨끗하게 해 주세요. 물그릇의 재질은 사기그릇이나 유리로, 다양한 크기와 모양의 물그릇을 집 안의 곳곳에 놔 주세요.

- 물도 수시로 갈아 주는 게 좋아요. 흐르는 물을 좋아하는 고양이에게는 고양이 전용 정수기를 마련해 줘도 좋아요.

개가 먹으면 위험해요!

- **각종 동물의 뼈** — 생선 가시, 닭이나 소의 뼈는 날카롭게 쪼개져서 반려견의 몸 안에 상처를 낼 수 있어요.

- **초콜릿** — 카카오 성분이 반려견의 심장에 무리를 줄 수 있어요. 적은 양이라도 먹이면 위험해요.

- **양파와 마늘** — 반려견의 적혈구를 파괴하는 성분이 들어 있어 빈혈이 생길 수 있어요.

- **포도** — 포도, 건포도, 포도 주스는 반려견의 신장을 다치게 해요. 심하면 신부전증에 걸릴 수 있어요.

- **우유와 유제품** — 반려견은 유당을 소화할 수 없어 구토와 설사를 일으킬 수 있어요. 꼭 반려동물 전용 우유를 주세요.

 ## 햄스터는 독립성이 강한 동물이에요!

- 햄스터는 사람이 만지는 것을 무척 싫어해요. 케이지를 청소하거나 건강 상태를 점검하는 등 꼭 필요한 일 외에는 만지지 마세요.

- 햄스터는 독립성이 강해서 한 케이지에 여러 마리를 두면 서로 다투거나 죽이기도 해요. 특히 암컷과 수컷이 같은 케이지에서 지내면 새끼를 너무 많이 낳거나 임신한 암컷이 수컷을 공격할 수 있어요.

- 햄스터는 굴을 파는 습성이 있으므로 톱밥 등으로 만든 베딩을 깔아 주세요. 쳇바퀴, 장난감, 터널 등을 설치해 햄스터가 지루하지 않게 해 주세요.

- 햄스터는 케이지를 잘 탈출하는 동물이니, 케이지를 꼼꼼하게 살펴봐 주세요. 문이 케이지 천장에 달려 있어도 천장에 매달려 탈출할 수 있어요.

- 햄스터 검진과 치료가 가능한 병원이 흔하지 않으니 미리 알아 두세요.

유기 동물 입양하기

귀여운 동물을 키우고 싶어요

반려동물과 함께 사는 사람들은 계속 늘어나고 있어요. 현재 우리나라의 인구는 약 5천만 명인데, 그중 무려 1천만 명 이상의 사람들이 반려동물과 살아요.

그렇다면 사람들은 이렇게 많은 동물을 어디에서 데리고 온 걸까요? 아마 동물과 동물용품을 같이 판매하는 반려동물 가게가 가장 먼저 생각날 거예요. 흔히 '펫샵'이라고 부르는 가게지요. 아직도 많은 사람이 반려동물 가게에서 값을 지불하고 동물을 데려와요. 동물

반려동물 가게에서 동물을 구입하는 사람이 많아져 이런 가게의 수도 늘어나지요.

은 살아 있는 생명인데 생명이 없는 물건처럼 가게에서 판매되고 있어요.

　반려동물 가게나 대형 마트에는 주로 아기 동물들이 전시되어 있어요. 털이 복슬복슬한 모습을 보면 한번 만져 보고 싶기도 하고, 우리 집으로 데려가 같이 살고 싶다는 생각이 들기도 할 거예요. 동물은 내게 좋은 친구이자 가족이 되어 줄 것만 같은 유혹 때문에 마음이 흔들리지요.

하지만 우리는 이미 윤리적 소비에 대해 배웠어요. 어떻게 해야 할지 답이 떠오르나요?

동물을 사지 마세요!

전시되어 있는 강아지를 보고 있으면 문득 강아지의 엄마 아빠는 어디 있을지 궁금해져요. 지금은 반려동물 가게에 있지만 원래는 분명히 가족이 있었을 거예요. 그런데 반려동물 가게 안을 아무리 둘러봐도 어미 개의 모습은 보이지 않아요.

물론 반려동물 가게 주인이 어미 개의 역할을 대신해 강아지를 돌봐 주고 있을 거예요. 밥도 주고 털도 정리해 주고 대소변도 치워 주겠지요. 하지만 사람 아기에게 사람 가족이 필요하듯이, 강아지에게도 개로 구성된 가족이 필요해요.

어미 개는 강아지가 건강하게 자랄 수 있도록 영양분이 풍부한 젖을 양껏 먹여요. 강아지는 형제자매 강아지들과 함께 지내면서 개로서 적절하게 행동하는 법을 배우지요.

예를 들면 강아지는 어린 시절에 다른 강아지들과 어울리면서 입으로 무는 힘을 어떻게 조절하는지 배워요. 자신은 놀고 싶은 마음에 장난을 치려고 다른 강아지를 물었는데 그 강아지가 아주 아파했던 경험이 있을 수 있겠지요. 이와 반대로 다른 강아지가 장난을 치려고 자신을 물었는데 너무 아프게 느껴졌던 경험도 있을 거예요. 이처럼 점차 놀이 경험이 쌓이면서 사회성이 좋은 개로 성장할 수 있는 거예요.

우리가 반려동물 가게에서 어린 동물을 사면 안 되는 이유들 중 하나가 바로 여기에 있어요. 어린 시절에 동물 가족과 헤어지면 적절한 보살핌과 교육을 받을 기회를 잃게 되어요. 그래서 반려동물 가게에서 구매한 너무 어린 동물은 몸이 약하거나 문제 행동을 보이는 경우

가 많아요. 사람들이 계속 반려동물 가게에서 동물을 산다면 이런 문제는 되풀이될 수밖에 없답니다.

유기 동물을 입양해요

이제부터는 사람과 동물 모두에게 이로운 방법으로 반려동물을 맞이하기로 해요. 바로 '유기 동물 입양'이에요. '유기 동물 입양'이란 가족으로부터 버림받은 동물을 데려와 새로운 가족으로 맞이하는 것을 뜻해요.

우리나라에서는 하루에 270마리 이상의 동물이 버려져요. 유기 동물이 이렇게 많다는 것은 자신의 가족이었던 반려동물을 버리는 사람이 그만큼 많다는 것을 의미해요. 우리나라에서 반려동물을 버리는 건 300만 원 이하의 과태료가 부과되는 명백한 불법 행위이지요.

그럼에도 사람들이 한때 자신의 가족이었던 동물을 버리는 이유가 무엇일까요? 어떤 사람은 바빠서, 어떤 사람은 병원비가 비싸서 돈이 많이 들기 때문에, 어떤 사람은 청소가 귀찮아서, 어떤 사람은 동물이 나이가 들어 더 이상 예쁘지 않아서라고 말해요. 이런 이유로 가족을 버릴 수 있을까요?

동물을 키우면서 이런 문제들이 생길 수 있다는 것은 동물을 집으로 데려오기 전에도 충분히 짐작해 볼 수 있어요. 우리가 반려동물과 함께 사는 것에 대해서 조금만 더 신중하게 알아보고 고민해 본다면 말이에요. 귀엽다는 이유로, 또는 주변 친구들이 키운다는 이유로 충분히 준비되지 않은 상태에서 동물을 데려오는 사람들이 많다면 그만큼 유기 동물도 많이 생길 수밖에 없을 거예요.

자신에게 거의 전부와 같았던 가족으로부터 버림받은 경험은 반려동물의 마음에 큰 상처로 남아 있을 거예요. 하지만 더 이상 지낼 곳이 없는 동물에게 새로운 가족이 손을 내밀어 준다면 그 상처가 조금이나마 치유될 수 있겠지요. 지낼 곳이 없어 죽을 위기에 놓인 동물도 입양을 통해 살릴 수 있어요. 그리고 더 이상 반려동물 가게에 어린 동물이 끌려오는 일도 없을 거고요.

충분히 생각하고 결정해요

유기 동물은 이미 가족으로부터 버림받은 기억을 가지고 있기에, 새로운 가족조차 자신을 외면한다면 마음에 더 큰 상처를 입게 될 거예요. 그렇기 때문에 입양을 결정하기 전에 충분히 알아보고 고민하는

가족을 잃고 혼자가 된 동물들이 새로운 가족을 기다리고 있어요.

시간을 가져야 해요.

하지만 직접 동물과 함께 살아보기 전에는 동물을 돌보는 일에 얼마나 많은 시간, 비용, 노력, 지식이 필요한지 짐작하기가 어려울 거예요. 그래서 입양을 결정하기 전에 가능한 한 다양하게 정보를 찾아보고 구체적으로 고민해 보는 것이 좋아요.

만약 개 또는 고양이와 함께 살고 싶다면 다음과 같은 점을 알아 두어야 해요. 개와 고양이도 양치질을 꼭 해 주어야 해요. 화장실이 아닌 곳에 배변 실수를 할 수 있어요. 개는 매일 산책을 하며 새로운 냄새를 맡아야 해요. 동물이 스스로 밥을 찾아 먹거나 화장실을 치우기 어려우므로 사람의 손길이 반드시 필요해요. 그래서 명절이나 여행 등으로 집을 오래 비울 수 없어요.

개와 고양이의 평균 수명은 15살이고, 길게는 20살까지 살 수 있어요. 동물도 나이가 들면 사람처럼 시력과 청력이 약해져요. 관절염, 암, 치매와 같은 병에 걸릴 수도 있어요. 사료, 간식, 화장실, 모래나 배변 패드, 집 등을 구매하는 비용뿐 아니라 건강 검진, 예방 접종, 중성화 수술, 각종 진료까지 많은 비용이 들 수 있어요. 털이 빠지거나 냄새가 날 수 있으므로 청소를 더 자주 해야 해요.

정보를 충분히 찾아보고 진지하게 고민한 끝에 동물을 입양하기로 결정했나요? 그리고 모든 가족이 입양에 동의했나요? 그렇다면 유기 동물을 입양할 수 있는 곳에서 우리 가족과 잘 지낼 수 있는 동물을 찾아보세요.

동물을 입양하기 전에 미리 생각해 볼 것!

- 내가 키우려는 동물의 수명은 얼마나 될까?
- 내가 키우려는 동물이 가진 습성은 무엇일까?
- 동물과 함께 살면 좋은 점과 힘든 점은 무엇이 있을까?
- 동물과 함께 살면 나의 일상에는 어떤 변화가 생길까?
- 동물과 매일 놀아 주거나 산책해 줄 시간이 있을까?
- 동물의 집과 화장실, 밥그릇을 어디에 놓으면 좋을까?
- 동물이 아프면 누가 돌볼 수 있을까?
- 동물의 치료비가 많이 나오면 어떻게 해야 할까?

유기 동물은 어디에서 입양할 수 있나요?

① **동물 보호 단체**

동물 보호 단체는 사람과 동물이 행복하게 더불어 사는 세상을 만들기 위해 여러 가지 활동을 해요. 그중 하나가 위기에 처한 동물을 구조해서 보호하는 활동이지요. 단체마다 동물을 입양할 수 있는 방법이 달라요. 홈페이지에 접속하면 새로운 가족을 기다리고 있는 동물을 볼 수 있어요.

▶ 동물권행동 카라에서 입양하기
www.ekara.org/parttake/adopt

② **동물 보호 온라인 카페**

단체가 아닌 개인이 버림받은 개, 아프거나 다친 길고양이를 구조해서 보살펴 주기도 해요. 동물 보호 온라인 카페에는 자신이 보호하고 있는 동물에게 새로운 가족을 찾아 주려는 사람들이 올린 글이 아주 많아요. 돈을 벌기 위해 동물을 판매하는 사이트와 혼동하지 않도록 주의하세요!

③ 시 보호소

동물보호법에 따라 전국의 각 지역에서 운영되고 있는 동물 보호소가 있어요. 이곳에서 지내는 동물들은 10일의 보호 기간(서울시는 20일)이 지나면 안락사 위기에 처해요. 시 보호소에서 동물을 입양한다면 소중한 생명을 살릴 수 있어요!

▶ 동물 보호 관리 시스템에서 전국의 시 보호소 확인하기
www.animal.go.kr

④ 사설 보호소

지낼 곳이 없는 동물들을 보호하기 위해 개인이 운영하는 보호소예요. 혼자서 많은 수의 동물을 돌보는 경우가 많고, 돌봄 비용 마련에 대부분 어려움을 겪어요. 이곳에서 동물을 입양한다면 보호소를 운영하는 사람과 열악한 환경의 보호소에서 지내는 동물 모두에게 도움을 줄 수 있어요.

부록

한국의 동물보호법

　동물보호법은 동물을 이용의 대상이 아니라 보호와 공존의 대상으로 대하기 위해서 만들어졌어요. 우리 사회는 '생명을 존중해야 한다'라는 도덕을 공유하고 있지만, 동물 보호에 대한 기본 원칙과 사회 제도가 동물보호법으로 정해져 있지 않다면 동물이 실제로 보호를 받기는 어려울 거예요. 법은 다른 사회적 약속과 달리 국가의 강제력을 수반하거든요. 이 말은 곧 동물보호법이 정하고 있는 책임과 의무를 다하지 않은 사람은 실제로 처벌을 받을 수 있다는 것을 의미해요.

　동물보호법은 동물을 어떻게 사육하고 관리하는 것이 적절한지, 동물에게 고통을 주는 학대 행위에는 무엇이 있는지, 동물을 존중하기 위해서는 어떤 제도가 필요한지 다루고 있어요. 우리가 동물보호법의 내용을 이해한다면 어떤 행동이 동물을 위하는 일인지, 어떤 행동이 처벌의 대상이 되는지 알 수 있을 거예요. 동물보호법 중 우리가 알아 두면 좋을 부분들을 골라서 소개할게요.

제1조 동물보호법의 목적

이 법은 동물에 대한 학대 행위의 방지 등 동물을 적정하게 보호·관리하기 위하여 필요한 사항을 규정함으로써 동물의 생명 보호, 안전 보장 및 복지 증진을 꾀하고, 건전하고 책임 있는 사육 문화를 조성하여, 동물의 생명 존중 등 국민의 정서를 함양하고 사람과 동물의 조화로운 공존에 이바지함을 목적으로 한다.

제2조 1의2 '동물 학대'의 의미

'동물 학대'란 동물을 대상으로 정당한 사유 없이 불필요하거나 피할 수 있는 신체적 고통과 스트레스를 주는 행위 및 굶주림, 질병 등에 대하여 적절한 조치를 게을리하거나 방치하는 행위를 말한다.

제3조 동물 보호의 기본 원칙

누구든지 동물을 사육·관리 또는 보호할 때에는 다음 각 호의 원칙을 준수하여야 한다.

1. 동물이 본래의 습성과 신체의 원형을 유지하면서 정상적으로 살 수 있도록 할 것.
2. 동물이 갈증 및 굶주림을 겪거나 영양이 결핍되지 아니하도록 할 것.

3. 동물이 정상적인 행동을 표현할 수 있고 불편함을 겪지 아니하도록 할 것.

4. 동물이 고통·상해 및 질병으로부터 자유롭도록 할 것.

5. 동물이 공포와 스트레스를 받지 아니하도록 할 것.

제8조 동물 학대의 금지

① 누구든지 동물에 대하여 다음 각 호의 행위를 하여서는 아니 된다.

1. 목을 매다는 등의 잔인한 방법으로 죽음에 이르게 하는 행위.

2. 노상 등 공개된 장소에서 죽이거나 같은 종류의 다른 동물이 보는 앞에서 죽음에 이르게 하는 행위.

3. 고의로 사료 또는 물을 주지 아니하는 행위로 인하여 동물을 죽음에 이르게 하는 행위.

4. 그 밖에 수의학적 처치의 필요, 동물로 인한 사람의 생명·신체·재산의 피해 등 농림축산식품부령으로 정하는 정당한 사유 없이 죽음에 이르게 하는 행위.

② 누구든지 동물에 대하여 다음 각 호의 학대 행위를 하여서는 아니 된다.

1. 도구·약물 등 물리적·화학적 방법을 사용하여 상해를 입히는 행위. 다만, 질병의 예방이나 치료 등 농림축산식품부령으로 정하는 경우는 제외한다.

2. 살아 있는 상태에서 동물의 신체를 손상하거나 체액을 채취하거나

체액을 채취하기 위한 장치를 설치하는 행위. 다만, 질병의 치료 및 동물 실험 등 농림축산식품부령으로 정하는 경우는 제외한다.

3. 도박·광고·오락·유흥 등의 목적으로 동물에게 상해를 입히는 행위. 다만, 민속 경기 등 농림축산식품부령으로 정하는 경우는 제외한다.

3의2. 반려(伴侶) 목적으로 기르는 개, 고양이 등 농림축산식품부령으로 정하는 동물에게 최소한의 사육 공간 제공 등 농림축산식품부령으로 정하는 사육·관리 의무를 위반하여 상해를 입히거나 질병을 유발시키는 행위.

4. 그 밖에 수의학적 처치의 필요, 동물로 인한 사람의 생명·신체·재산의 피해 등 농림축산식품부령으로 정하는 정당한 사유 없이 신체적 고통을 주거나 상해를 입히는 행위.

③ 누구든지 다음 각 호에 해당하는 동물에 대하여 포획하여 판매하거나 죽이는 행위, 판매하거나 죽일 목적으로 포획하는 행위 또는 다음 각 호에 해당하는 동물임을 알면서도 알선·구매하는 행위를 하여서는 아니 된다.

    1. 유실·유기 동물

    2. 피학대 동물 중 소유자를 알 수 없는 동물

④ 소유자 등은 동물을 유기(遺棄)하여서는 아니 된다.

⑤ 누구든지 다음 각 호의 행위를 하여서는 아니 된다.

    1. 제1항부터 제3항까지에 해당하는 행위를 촬영한 사진 또는 영상물을 판매·전시·전달·상영하거나 인터넷에 게재하는 행위. 다만, 동물보호 의식을 고양시키기 위한 목적이 표시된 홍보 활동 등 농림축산식품부령으로 정하는 경우에는 그러하지 아니하다.

– 동물보호법 제8조 제1항부터 제3항까지를 위반하여 동물을 학대한 자는 제46조(벌칙) 제2항 제1호에 따라 '2년 이하의 징역 또는 2천만 원 이하의 벌금'에 처한다.

– 동물보호법 제8조 제4항을 위반하여 동물을 유기한 소유자 등은 제47조(과태료) 제1항 제1호에 따라 '300만 원 이하의 과태료'를 부과한다.

– 동물보호법 제8조 제5항 제1호를 위반하여 사진 또는 영상물을 판매·전시·전달·상영하거나 인터넷에 게재한 자는 동물보호법 제46조(벌칙) 제4항 제1호에 따라 '300만 원 이하의 벌금'에 처한다.

부록

동물권행동 카라를 소개합니다

동물권행동 카라는 사람과 동물이 평화롭게 공존하는 세상을 만들기 위해 활동하고 있는 비영리 단체예요. 반려동물, 농장 동물, 전시 동물, 실험동물, 길에서 사는 동물 등 위기에 처한 모든 동물의 편에서 동물의 권리와 자유를 대변하지요.

카라가 주로 하는 활동은 우리 사회에서 동물들이 어떤 어려움을 겪고 있는지 사람들에게 알리는 일이에요. 매일 수백 마리의 반려동물이 가족으로부터 버림받는 현실을 알리면서 사람들이 동물을 사지 않고 입양할 수 있도록 도와요. 좁은 우리에 갇혀 고통받는 동물원 동물과 농장 동물을 위해 동물원과 공장식 축산 농장의 문제점을 알리기도 하고요. 배고픈 길고양이를 위해 급식소를 설치하고, 불필요하고 잔인한 동물 실험이 사라질 수 있도록 노력하기도 해요.

생명 존중 사회를 위한 씨앗을 뿌려요!

카라의 동물 권리 교육은 공감하고 배려하는 태도를 동물에게까지 확장해서 생명을 존중하는 사회로 나아가는 것을 목표로 해요. 이를 위해 카라는 동물 권리 교육 프로그램을 만들고 연령대별 동물 권리 교육을 실시하고 있어요. 카라의 교육은 동물이 겪고 있는 문제를 구체적으로 알려서 동물에 대한 사람들의 인식을 변화시키고, 사람들이 일상에서 동물 보호를 실천할 수 있도록 함께 고민하고 있답니다.

카라 동물 권리 교육 프로그램

어린이·청소년 동물 권리 교육

찾아가는 동물 권리 교육
1회만 진행하는 수업부터 여러 번에 걸쳐 수업하는 맞춤형 프로그램까지 학교, 도서관, 지역 아동 센터, 진로 직업 체험 센터 등 어린이와 청소년이 있는 장소로 찾아가 동물 권리 교육을 진행해요.

더불어 숨 센터 내방 교육
카라 더불어 숨 센터를 직접 방문하는 어린이, 청소년을 대상으로 동물 권리 교육, 인터뷰, 센터 견학 등을 진행해요.

동물 복지 평생 교육

생명 공감 킁킁 도서관
킁킁 도서관은 국내 최초의 동물 전문 도서관이에요. 동화책, 만화책, 그림책, 전문 서적 등 동물에 관한 책 5천여 권이 마련되어 있어요. 특별한 주제로 전시회도 열리지요. 일반 시민에게 개방되어 있어 누구든 와서 볼 수 있답니다.
카라 홈페이지를 통해 매달 신간 도서를 소개하고 있어요. 책 저자나 동물 관련 전문가를 초대해 고돌북스, 동물권 강좌, 인문사회 강좌 등 동물 복지 평생 교육을 진행해요.